Alfred L. Rosteck

mosaik

Alfred L. Rosteck

mosaik

Lyrik

Bibliografische Information der Deutschen Nationalbibliothek
Die Deutsche Nationalbibliothek verzeichnet diese Publikation in der
Deutschen Nationalbibliografie; detaillierte bibliografische Daten sind
im Internet über http://dnb.d-nb.de abrufbar.

Herstellung und Verlag: BoD – Books on Demand, Norderstedt
ISBN: 978-3-7448-3635-7

Inhalt

Ein Wort zur „Neuen Rechtschreibung": Ich folge ihr mit großem Widerwillen, mache aber nicht jede Änderung mit, die sich sogenannte Experten einfallen haben lassen. Es ist also nicht alles ein Rechtschreibfehler, was danach aussieht ...

mosaik

bunte steine
mit schwarz-grauen
im vereine
muster bauen
allmählich dann
ein bild sich fügt
nimmt formen an
und niemals lügt
die momente
unsres strebens
als elemente
unsres lebens
ernst und heiter
hässlich schick
grau und bunt
mosaik

Der erste Schritt

Selten kommt das Glück gegangen,
ohne dass du angefangen
frisch dein Werk ganz unverzagt.
Wenn es auch öfters scheint gewagt.

Das Schwerste ist der erste Schritt.
Ist er getan, dann fasst du Tritt.
Gib dein Bestes mit Elan,
dann ist es meistens wohlgetan.

Was dir fehlt, wird dir gegeben.
Du musst danach nur emsig streben.
Vertrau auf deinen guten Stern,
dann ist das Glück dir auch nicht fern.

Nur der Erfolg zählt

Das Beste gewollt.
Das Ziel scharf erfasst.
Doch daneben gerollt
den Ball voller Hast.

Die Chance vertan.
Den Ball man verlor.
Der Gegner greift an.
Er macht das Tor.

Das Bemühen mag sein.
Doch reicht es nicht aus.
Erfolg nur allein
bringt den Applaus.

Der Frühling macht's

Die Amsel singt ihr süßes Lied.
Singt vom Leben und vom Lieben.
Der Frühling macht den Unterschied:
Im Winter wär sie still geblieben.

Bad im Meer

Viele Menschen lieben sehr
zu schwimmen in dem blauen Meer.
Doch dass man hat auch was davon,
braucht es ein'ge Grade schon.

Denn nur wenn's wohlig temperiert,
man die Freude nicht verliert.
Auch hohe Wellen mag man nicht,
weil sie spritzen ins Gesicht.

Sehr sauber soll das Wasser sein,
sonst geht man gar nicht gern hinein.
Wenn dann noch keine Quallen sind,
kann sich freuen jedes Kind.

Ein wenig Sonne noch dazu,
und nach dem Bad ein wenig Ruh.
Nur wenn alles bestens ist,
man das Bad im Meer genießt.

Guter Rat

Der Umwelt scheinst du oft verrückt,
was sie meist nicht sehr entzückt.
Drum hier ein Rat für dich, ein schlichter:
Wenn du nicht dicht bist, werde D(d)ichter!

Eine Kappe

Eine Kappe am Strand wirklich tut gut.
Sie kleidet dich besser als jeder Hut.
Scheint heiß die Sonne, schützt sie die Stirn
und lässt nicht vertrocknen dir dein Gehirn.

Sie schützt, wenn der Wind geht, deine Frisur,
und hält, wenn es kalt bläst, die Temperatur.
Hast du 'ne Glatze, dann dient sie zur Zier.
Doch nimm sie nicht ab, das rate ich dir.

Zeige die Kappe, spinne dein Garn,
erzähl die Geschichten, die du erfahr'n.
Die Kappe war immer schon dein Begleiter,
unentbehrlicher Schutz und so weiter.

Sollt' es mal regnen, wirst du nicht nass.
Wenn sonst sie nichts glauben, dann glauben sie das.
Eine Kappe am Strand wirklich tut gut.
Falls du's nicht glaubst, dann trag einen Hut.

Die Mondnacht

Blutrot sinkt der Sonne Ball
hinter der dunklen Berge Wall.
Die Nacht sich mählich breitet aus.
Der Wandrer wär schon gern zu Haus.

Eilt durch den Wald mit schnellem Schritt.
Ihm war, als ging mit ihm wer mit.
In schwarzen Ästen rötlich thront
der aufgegangne volle Mond.

Nur schwach sein Schein den Weg erhellt.
Der Wandrer stolpert, und er fällt.
Kollert abwärts, endlos lang.
Da wird dem Manne angst und bang.

Doch plötzlich wird es um ihn licht
und eine Stimme zu ihm spricht:
„Komm, steh auf, sei unser Gast
und halt ein wenig bei uns Rast.

Ein Fest wir feiern, tanz mit mir!
Freud und Wonne schenk ich dir."
Der Wandrer schaut, wer mit ihm spricht.
Denn ein Mensch ist das wohl nicht.

Eine Elfe, zierlich fein,
lädt ihn da zum Tanzen ein.
Er weiß nicht, ob sie Frau, ob Kind.
Dann fort sie wirbeln wie der Wind.

Ringsumher ein wildes Treiben.
Er will gehen, doch er muss bleiben.
Essen, trinken, tanzen, scherzen.
Der Elfe Reiz geht ihm zu Herzen.

Sie zieht ihn fort, wo's einsam ist,
wo mit Inbrunst sie ihn küsst.
In Liebe ist er ihr verfallen.
Es deckt sie zu des Mondes Strahlen.

Die Sonn' steht hoch, als er erwacht.
Wer hat ihn bloß hierher gebracht?
Im tiefen Gras, am Waldesrand,
er sich einsam wiederfand.

Reibt sich die Augen, streicht die Wangen.
Spürt mit Staunen und mit Bangen
einen Bart, gar lang und dicht
und viele Runzeln im Gesicht.

Man fand ihn dann nach ein paar Tagen.
Wer er war, konnt' keiner sagen.
Der Vollmond wurde sein Verderben.
Wer Elfen liebt, der muss dran sterben.

Resümee

Lange Jahre voller Plagen
hast du leidvoll zugebracht.
Erlöst bist du von allen Fragen.
Es ging schneller als gedacht.
Darum, Freund, lass es mich sagen:
Du hast die Sache gut gemacht!

Zauberspruch gegen Treulosigkeit

Im frühen Frühling fingen wir Feuer.
Durch Wald und Wiesen wanderten wir.
Die Liebe ließ uns lachen und leiden.
Ihre Gunst gab gar viel mir an Glück.

Im Herbst ist Hanna heimlich entschwunden.
Nach Liebe ließ sie letztlich mich leiden.
Allein am Abend, nutzlos die Nacht.
Trostlose Tage, sorgende Seele.

Höre, Hanna, mein Hilfeflehen!
Treulose, tröste mich trauernden Tor!
Lass Liebe das Leben auf ewig erfüllen!
Gebunden, Geliebte, an mich, den Gemahl.

Schwere Geburt

Ich träumt' so einfach vor mich hin,
weil die Sonne so schön schien.
Wie von selbst sich stellten ein
Gedichte und Geschichten fein.

Die Gedanken rasten schnelle
aus des Hirnes heißer Quelle.
Wollten fließen in die Hand,
die sogleich den Bleistift fand.

Als sie anfing aufzuschreiben
des Gehirnes emsig Treiben,
war auf einmal aus und fort,
was grad noch da war an dem Ort.

Der Kopf war plötzlich völlig leer
und zu denken fiel mir schwer.
So schloss ich schnell die Augenlider.
Da waren die Gedanken wieder.

Augen auf, Gedanken schweigen.
Augen zu, Gedankenreigen.
Ich werd' am Ende noch verrückt,
wenn mir das Schreiben nicht bald glückt.

Ich überlistete mit Tücke
des Gehirns Gedankenlücke.
Schrieb's mit geschlossnen Augen nieder.
Hofft', ich könnt es lesen wieder.

So ergab sich dies Gedicht.
Ob es schön ist, weiß ich nicht.
Ich habe es halt so gemacht.
Es ist, wie's ist. Und gute Nacht.

Match

Der Elfer ist vergeben.
Vertan die große Chance.
Bewahr die Contenance.
Im Spiel so wie im Leben.

Das Spiel noch zu gewinnen.
Das ist das große Ziel.
Kraft oder Gefühl.
Mit Mut aufs Neu beginnen.

Seemannsgrab

In der Meeresgöttin zärtlichen Armen
fand so mancher Seemann sein Grab.
Sie nahm jeden auf voll güt'gem Erbarmen
und zog in ihr Reich mit sich ihn hinab.

Ihre Töchter empfingen freundlich den Gast
und wiesen ihm zu ein feuchtes Gemach.
Da fiel von ihm ab all Kummer und Hast.
Die Erinn'rung ans alte Leben zerbrach.

Die Nixen waren so lieblich und schön.
Doch nur zur Hälfte waren sie Weib.
Und mochten sie auch vor Verlangen vergehn:
Sie konnten nicht lieben mit ihrem Leib.

Auch mangelte ihnen das echte Gefühl.
Von Herzen lieben, das konnten sie nicht.
Es war für sie alles nur wie ein Spiel.
Aus ihnen nur die Begierde spricht.

Die ertrunkenen Seelen dämmerten hin
als Gespielen der Nixen im düsteren Schlund.
Niemals ihnen die Sonne noch schien.
Gefangen für immer am feuchtkühlen Grund.

Der Maulwurf

Die Freude jeden Gärtners ist,
wenn's im Garten wächst und sprießt.
Wenn die Blumen duftend blüh'n,
umgeben von gepflegtem Grün.

Wohlgeordnet jedes Beet.
In Reih und Glied dort alles steht.
Der Rasen kurz geschoren und dicht.
Unkraut wird geduldet nicht.

Doch eines Tags, er glaubt es kaum,
ist zu End des Gärtners Traum.
Auf dem gemähten Gras ragt jäh
ein Maulwurfshügel in die Höh'.

Über Nacht hat dieses Biest
dem Gärtner all sein Tun vermiest.
Den Hügel ebnet schnell er ein
und hofft, es könnt der letzte sein.

Doch nach einer halben Stund,
da macht er neuen Fund.
Es ragen nun der Hügel zwei.
Des Gärtners Ruh ist jetzt vorbei.

Die Hügel werden platt gemacht
und der Rasen streng bewacht.
Bewegungslos steht er seit Stunden.
Den Maulwurf hat er nicht gefunden.

Er geht ins Haus und hält kurz Rast.
Da hat den Maulwurf er verpasst.
Denn als er wieder kommt hinaus,
da sieht der Rasen schrecklich aus.

Statt der letzten beiden Haufen,
es war gewiss zum Haareraufen,
prangen jetzt der Hügel vier.
Wie macht das nur dies kleine Tier?

Angeglichen schnell die Erde,
dass es wieder eben werde.
Grenzenlos war jetzt der Zorn.
Wenn er ihn kriegt, ist er verlor'n.

Der Mann geht hin, das Tier ist weg.
Geht er fort, so gräbt es keck.
Wochenlang geht schon das Spiel.
Vom Rasen sieht man nicht mehr viel.

Wüstengleich ist jetzt der Garten.
Da hilft kein Toben und kein Warten.
Das Tierchen ist ganz einfach schlauer.
Doch nervt es gründlich auf die Dauer.

Die Hoffnung, die dem Gärtner bleibt,
dass es das Tier woanders treibt.
Die Frage ist nur, ob und wann.
Den Krieg es jedenfalls gewann.

für immer

sieh hin
erkenne dein ziel
doch lass mich
in ruhe
geh deinen weg
still
doch mit kraft
vergiss mich
denn es geht
mich nichts an
was du tust
nicht mehr
du hast dich
entschieden
gegen mich
jetzt willst du
meinen rat
geh deinen weg
ohne mich
für immer

Trommelnde Gedanken

Der Regen trommelt auf mein Dach.
Die halbe Nacht lieg ich schon wach.
Quälend die Gedanken kreisen,
ohne mir den Weg zu weisen.

Verloren denk ich, wie es war,
als ich noch lachte der Gefahr.
Doch ist das ewig lange her,
heute nehm ich alles schwer.

Es hört allmählich auf der Regen.
Der Aufruhr sich beginnt zu legen.
Bald umfängt der Schlaf mich fest.
Das Morgenlicht vertreibt den Rest.

Hin und her

Man hat oft viele alte Sachen.
Was soll man denn damit wohl machen?
Man wirft weg den ganzen Plunder.
Denn bräucht' man es, wär's fast ein Wunder.

Doch dauert's meist nur ein paar Tage,
da verändert sich die Lage.
Grad die weggeworfnen Sachen
könnt' man brauchen, es ist zum Lachen.

Drum sollt' man doch nichts geben weg.
Es hat ja alles seinen Zweck.
So heb ich wieder alles auf.
Nehm' den Saustall halt in Kauf.

Doch will ich etwas reparieren,
muss ich meistens lang studieren,
wo das gesuchte Stück wohl ist.
Man den Platz ja schnell vergisst.

So muss ich schnell zum Händler laufen
und mir etwas Neues kaufen.
Das Alte bleibt mir als Ersatz,
wenn ich find den Lagerplatz.

Warum heb ich die Sachen auf,
wenn ich mir doch was Neues kauf?
Darum lehrt mich dies Exempel:
Wirf *doch* weg den alten Krempel!

one-night-stand

schweigen
schauen
lachen
befreit
umarmen
lieben
schlafen
erwachen
wegschauen
verlegen
gehen
vorbei
für immer

Rettung

Wann bricht der neue Tag endlich an?
Es schlagen mich tückisch in ihren Bann
Gedanken dunkel, so rasend schnell.
Wann, o wann wird endlich es hell?

Die ersten Vöglein sind nunmehr erwacht.
Nach endlos langer, bedrückender Nacht
stimmen sie an ihr fröhliches Lied,
das in die Seele so tröstend zieht.

Doch die wirbelnden, tollen Gedanken
wollen nicht weichen, wollen nicht wanken.
Der betäubende Bann erst später verfliegt,
wenn strahlend der Tag die Nacht besiegt.

Endlich erscheinen die rettenden Strahlen,
die rosa und golden die Hoffnung mir malen.
Mein Herz wirft ab die beengenden Ketten.
Das Licht des Tages konnte es retten.

Eine Insel im Meer

Eine Insel im Meer.
Manchmal
ziehen Schiffe vorüber.
Manchmal
legen sie auch an.
Manchmal
gehen Menschen an Land.
Manchen
gefällt die Insel.
Manche
bleiben für eine Weile.
Wenige
für immer.

Es gibt auch
andere Inseln im Meer.
Schiffe
verkehren zwischen ihnen.
Menschen
besuchen einmal diese,
einmal jene Insel.
Doch bleibt
jede
stets
eine Insel
für sich.
Für immer.

Verletzter Stolz

Obwohl die Frau war nicht mehr frei,
ließ sie von mir sich einfach küssen.
Und so dacht' ich nichts dabei.
Ich muss ja doch nicht alles wissen.

Als draus grad mehr zu werden schien,
kam ihr Mann verfrüht nach Haus.
Er langte einmal kräftig hin
und schmiss hernach mich einfach raus.

Ich fragte sie am nächsten Tag,
ob's das mit uns gewesen sei.
Sie meinte, wenn ich kommen mag,
soll ich bei ihr sein so um zwei.

Ihr Mann sei wochenlang auf Reise.
Davon hat sie schon lang geträumt.
So könnten wir auf diese Weise
holen nach, was wir versäumt.

Es wurde schön. Ich wollte mehr.
Ob sie mit mir nicht wollte leben?
Sie war erstaunt und lachte sehr.
Was sollte ihr denn das schon geben?

Es wär bald wiederum das gleiche.
Die Gewohnheit sprengt das Maß.
Deswegen ihr die Sache reiche,
wie sie ist. So macht es Spaß.

Ich kam wieder nach drei Tagen.
Da kam ein andrer Mann nach Haus.
Er stellte nicht einmal mir Fragen,
sondern schmiss mich gleich hinaus.

Was sie gemeint, verstand ich jetzt.
Sie brauchte mehr, und das von vielen.
Mein Stolz war ziemlich schwer verletzt.
Soll ohne mich sie weiterspielen.

Geistiges Schaffen

Es jagen die Gedanken.
Kennen keinen Schranken
und bringen dich ins Wanken.
Dein Widerstand erschlafft.

Doch die Seelenschwere
erfüllt mit Sinn die Leere.
Auf dass sich bald vermehre
das Wort mit Schöpferkraft.

Gesammelt, was verloren.
Was vom Geist erkoren
und mühevoll geboren,
dir wieder Frieden schafft.

Eine Pause

Eine Pause tut oft gut,
während der man friedlich ruht.
Denn man kann nicht immer werken.
Einmal muss man sich auch stärken.

Man ächzend auf den Sessel sinkt.
Liest die Zeitung, isst und trinkt,
hört Musik und schläft dann ein.
Kann denn etwas schöner sein?

Verschlaf bloß nicht das Pausenende,
sonst geht der Chef gleich auf die Wände.
Den Tageslohn wird er dir kürzen.
Den Sermon mit Schimpfen würzen.

Man stell den Wecker und geb acht,
dass man ja zur Zeit erwacht.
Ist man noch nicht ausgeruht,
ist's besser, wenn man halt so tut.

Der Chef merkt nichts, lässt dich in Frieden.
Und den Streit hast du vermieden.
Mit offnen Augen schlafe nun.
Das kannst du bei der Arbeit tun.

Dass das auch geht, ihr glaubt es nicht?
Das erlaube nicht die Pflicht?
Geht auf den Bau oder ins Amt.
Dort schlafen oft sie allesamt.

Mahnung

Welke Blumen haben nie das Herz betört;
vielmehr die Harmonie sehr stark gestört.

Sie mahnen still das Herz an die Vergänglichkeit.
Es bleibt nicht immer März. Kommt andre Zeit.

An den Blüten dich erfreue, solang es geht.
Wenn dann kommt die Reue, ist es zu spät.

Treuer Glauben

Schmerzgewandet auf zum Himmel geht sein Flehen.
Wird auf ihn erbarmungsvoll wer niedersehen?
Strecken aus die Hand mit gnadenvoller Regung?
Heilen Haupt und Leib durch hoheitsvolle Segnung?

Doch verhallt sein Beten und verfehlt das Ziel.
Es fürwahr kein Strahl aus dunklem Himmel fiel.
Nicht half das inn'ge Beten. Hilft besser vielleicht Fluchen?
Kann bei der ewigen Widerkraft er Rettung suchen?

Sein ungestümes Wort war kaum im Wind verhallt.
Schon reut ihn jäh sein Drang zu Hass und zur Gewalt.
Er sinkt voll bittrer Reue weinend in die Knie.
„Erbarm dich, du, der bisher immer mir verzieh!"

Da spürt er kalten Hauch aus Geistermunde wehen.
Ein Schauder lässt ihn in den tiefen Abgrund sehen.
Doch eh die falsche Macht hinunter ihn kann zwingen,
sieht er aus fernen Höhen einen Lichtstrahl dringen.

Vom Licht hinweggeweht die tödliche Gefahr,
weil in tiefster Not er flehte treu und wahr.
Er war nicht fähig, seinem Glauben zu entsagen.
Lieber wollte er sein Leiden weiter tragen.

Der Regenwurm

Kann ein Regenwurm denn springen?
Oder schöne Lieder singen?
Kann er kochen, nähen, stricken?
Andern Liebesbriefe schicken?

Die Frage scheint doch sehr frivol.
Das kann er nicht, doch andres wohl.
Der Regenwurm gräbt tief sich ein.
Schneid'st du ihn ab, ist er zu Zwei'n.

Ein Regenwurm sehr nützlich ist,
weil jeder Vogel ihn gern frisst.
Als großes Vorbild er sich zeigt,
weil er nicht Lärm macht, sondern schweigt.

Du kannst ihn an die Angel spießen,
willst du die Fische nicht erschießen.
Gut hat es der Regenwurm,
denn er trotzt locker jedem Sturm.

Als Staatsmann ist er zu empfehlen,
da ihm Hirn und Rückgrat fehlen.
Er sich als äußerst zäh erweist.
Lässt weit sich dehnen, eh er reißt.

Doch lesen kann er leider nicht.
Ihm fehlt die Nase im Gesicht,
die der Brille Stütze sei.
Drum sind ihm Bücher einerlei.

Was auch immer er so tut.
Man sieht ihn kaum, doch macht er's gut.
Trotz seiner Fehler scheint es klar:
Der Regenwurm ist doch ein Star.

Gartenzwerg und Co.

Ein kleiner und ein großer Mann
im Garten standen nebenan.
Doch Lebewesen waren sie nicht.
Sie waren aus Gips, der leicht zerbricht.

Sie standen da auf Augenhöhe.
Man fragt sich, wie denn das bloß gehe.
Der kleine stand auf einem Berg.
Er war ein schöner Gartenzwerg.
Der andre unten auf der Wiese.
Er war ein richt'ger Gartenriese.

Den Gartenzwerg kennt jedes Kind.
Doch Gartenriesen selten sind.
Drum stellt Gartenriesen auf.
Denn Gartenzwerge gibt's zuhauf.

Zielsetzung

Schreib alles nieder, was du denkst.
Wohin du deine Schritte lenkst.
Was du sprichst und hörst und fühlst.
Was du tust und werkst und spielst.

Ich hab das eine Zeit gemacht
und bemerkt, dass man kaum lacht.
Doch dass man meckert, flucht und schimpft,
die Nase über andre rümpft.

Man neigt zu Ängsten und zu Sorgen.
Fürchtet oft sich vor dem Morgen
und vergisst drauf, heut zu leben.
Nach dem Besten stets zu streben.

Am Ende aller Selbstbetrachtung
steht der Respekt sowie die Achtung
seiner selbst und auch der andern,
die mit dir durchs Leben wandern.

Man kann dann gern noch formulieren,
wohin der Weg soll weiter führen.
Doch den ersten Schritt tu heut.
Dann ist das Ziel nicht mehr so weit.

Sicheres Zeichen

Ich tu kund
mit neuem Mut:
Ich bin gesund.
Mir geht es gut.

Wär fast verreckt,
das glaube mir.
Jetzt wieder schmeckt
mir Wein und Bier.

Dem Meer verfallen

Wir lieben den Wind und das Salz auf der Haut.
Das Schreien der Möwen, das uns so vertraut.
Die Segel im Wind auf dem wackeren Boot
tragen dahin uns ins Abendrot.

Wir jagen entgegen dem Horizont
zu erfahren, wer jenseits der Ewigkeit wohnt.
Das Fremde zu sehen und das Neue zu lernen,
treibt es hinaus uns in unendliche Fernen.

Die Sehnsucht zu stillen wird wohl niemals gelingen
und mögen wir sämtliche Meere bezwingen.
Solang das Boot trägt, wir schweifen umher.
Wir gehören für immer dem ewigen Meer.

Ein Handtuch

Wenn am blauen Meer du bist,
ein Handtuch äußerst wichtig ist.
Es schützt dich vor der Sonne Glut,
die nur selten tut dir gut.

Dich vor dem kalten Wind zu schützen,
kann ein Handtuch auch sehr nützen.
Wenn die Sonne sich versteckt,
bleibst du einfach zugedeckt.

Doch muss es sein genügend groß,
sonst liegt ein Teil von dir stets bloß.
Und es bleibt aus dann der Effekt,
der von Anfang an bezweckt.

Auch wäre wirklich es sehr schade,
bliebst du nass nach kühlem Bade.
Drum vergiss den Ratschlag nicht:
Ein Handtuch ist am Meere Pflicht.

Überwindung

Der wilde Wirbel der Gedanken
ist mit dem Willen kaum zu halten.
Die Gespinste fest umranken
alles, was sich will entfalten.

Das Hindernis zu überwinden
ist als höchstes Ziel zu sehen.
Das Denkvermögen wiederfinden
und allem Übel widerstehen.

Auf den Trümmern der Beschränkung
ersteht mit Macht des Denkens Licht,
das sich frei und ohne Lenkung
in den Menschenherzen bricht.

Die späte, milde Zeit

Die späte, milde Zeit,
mit ihrem sanften Licht,
macht auch die Herzen weich
und alle Wünsche schlicht.

Bevor des Winters Macht
erstarren lässt die Welt,
genießen noch die Pracht,
die man geschenkt erhält.

Die Bissgurn
(Zänkisches Weib)

Eine Bissgurn ist ein Weib,
das zänkisch ist zum Zeitvertreib.
Der Mann, dem sie ist angetraut,
sein ganzes Leben hat versaut.

Was er auch tut, sie kritisiert.
Wenn die Beherrschung er verliert,
sie kreischend fängt zu schimpfen an.
Da flüchtet schnell der arme Mann.

Keine Ruh bei Tag und Nacht.
Wenn er sich wehrt, sie nur laut lacht.
Das Leben macht sie ihm zur Hölle.
Doch er würd' tauschen auf der Stelle.

Wenn ihren Willen er nicht tut,
geht's ihm ganz bestimmt nicht gut.
Sie sperrt ihn nächtens einfach aus,
kommt vom Wirtshaus er nach Haus.

Sie loszuwerden, ist sehr teuer,
denn sie ist ein Ungeheuer.
Sie nimmt ihm alles Gut und Geld
und was er liebt auf dieser Welt.

So bleiben viele doch beisammen,
mag er sie noch so tief verdammen.
Drum, ihr Männer, schaut genau,
wen ihr euch nehmt zu eurer Frau.

Der Grantscherbn
(Mürrischer, griesgrämiger Mann)

Ein Grantscherbn ist ein Mann,
den man nicht verstehen kann.
Denn immerfort passt ihm was nicht,
obwohl das Glück ihm Kränze flicht.

Scheint die Sonne schon am Morgen,
macht er sich gleich darüber Sorgen,
dass zu heiß es werden könnt
und es den Rasen ihm verbrennt.

Wenn hingegen Regen fällt,
er hadert mit der ganzen Welt,
weil früher es viel besser war.
Nie gab es ein so nasses Jahr.

Auch der Wein ist ihm zu sauer.
Wäre er der Rebenbauer,
würd' der Wein ganz anders schmecken.
So taugt er nur als Gift für Schnecken.

Zu stark die Suppe ist gesalzen,
die Knödel viel zu sehr geschmalzen,
zu zäh der Braten, das Bier zu warm.
So geht das ständig, Gott erbarm!

Er meckert mit der Frau herum.
Das Raunzen wird ihm nie zu dumm.
Ja so ein Grantscherbn ist ein Mann,
den man halt nicht verstehen kann.

preis des lebens

gefangen im schlamm
gelingt dir kein sieg
du denkst dir flieg
es schwillt dir der kamm
doch alles vergebens

weiter weiter
lauf nur lauf
wirst nicht gescheiter
so sauf doch sauf
ein wenig trost
doch nicht lang
fällst durch den rost
ohn sang und klang

doch nicht klagen
der rost war kalt
es ist bezahlt
das kannst du sagen
der preis des lebens

Besseres Sein

Im Schicksal verwoben.
Wird keiner verschont.
Die Helligkeit wohnt
oben, weit oben.

Die Mühe drückt schwer.
Wähle das Licht.
Mach es, mach's nicht.
Was ist dein Begehr?

So lange schon
getäuscht vom Trug,
der dich schlug
Genug davon.

Gehst du weiter?
Bleibst du stehen?
Wird bald vergehen
die lockende Leiter.

Hier ist's nicht fein.
Die Qual ist zu groß.
Lass einfach los.
Für bess'res Sein.

neues leid

die sonne brennt heiß
aus dem schlamme befreit
willst weiter du schnell
das licht so grell
lässt sehen dich weit
wird kosten viel schweiß
zu durcheilen die wüste

dein rauhes gemüt
hemmt deinen gang
doch willst du erzwingen
was nie wollt gelingen
im überschwang
hoffnung erblüht
zu erreichen die küste

hoffnung ein wort
du musst sie entfalten
weil sonst nichts mehr bleibt
sie allein dich noch treibt
sie darf nicht erkalten
lässt vergessen den ort
wo das herz büßte

das übel bezwungen
dem schlamme entronnen
der wüste enteilt
ist dein herz nun geheilt
was hast du gewonnen
was ist dir gelungen
neues leid grüßte

Krähen

Es sammeln sich die Krähen
um Aas und leichte Beute.
Da kann es schon geschehen,
es sie zu streiten freute.

Doch haben sie gefressen,
ist es gleich vorbei.
Weil sie schnell vergessen
Wut und Raserei.

Der Mensch da anders ist.
Denn er kriegt nie genug.
Er immer weiter frisst
und hält sich noch für klug.

Den andern er bekriegt
und nimmt ihm Gut und Leben.
Erst wenn er ihn besiegt,
endet kurz das Streben.

Die Mächtigen sich raufen
um Geld und Hab und Gut.
Wer sich nicht lässt kaufen,
bezahlt mit seinem Blut.

Die Krähen klüger sind.
Man kann sie nicht verdammen.
Durch Kälte, Schnee und Wind
sie halten fest zusammen.

ohne sinn

es ist gelungen
nichts passiert
schnell verklungen
was verführt
das versprechen
fest gegeben
muss zerbrechen
eitles streben
nimm das ganze
lass es liegen
brich 'ne lanze
um zu siegen
eitle laffen
niemand weiß
was sie schaffen
ohne preis
viel vertan
missgegriffen
kein elan
doch verpfiffen
sag kein wort
ohne sinn
fort und fort
neubeginn

In langen Dunkeltagen

Schneekristalle fliegen.
Schwarze Wolken jagen.
In langen Dunkeltagen.
Sonne kann nicht siegen.

Dräut die längste Nacht.
Herzen schlagen bang.
Furcht den Mut verschlang.
Bedrückend dunkle Macht.

Monotone Sänge.
Düstre Dochte glimmen.
Tiefe Grabesstimmen.
Erstickend Seelenenge.

Schnee bleibt mählich liegen.
Funke zag erwacht.
Wächst Licht aus Finsternacht.
Seelen höher fliegen.

Weit am Horizont.
Hoffnungsstrahl erscheint.
Herz nun Freude weint.
Warten reich belohnt.

Der Tag macht es

Was nachts dir auf der Seele lag,
verscheucht dir schnell der junge Tag.
Doch währt es lange oft dahin.
Denn die Nacht will nicht entfliehn.

Gedanken ziehen dich hinunter.
Drum bleibst die halbe Nacht du munter.
Umfängt dich endlich dann der Schlummer,
verfolgt im Traum dich noch der Kummer.

Geht endlich dann die Nacht vorbei,
verhallt der Seele stummer Schrei,
der in der Schwärze hilflos brach.
Doch klingt in dir er lange nach.

Gerädert wachst du morgens auf.
Beginnst erschöpft des Tages Lauf.
Doch zuletzt verscheucht der Tag,
was nachts dir auf der Seele lag.

Mutterherz

Wie war's in unsren frühen Jahren?
Wer gab uns denn Geborgenheit
und war da, zu jeder Zeit,
wenn unsre Sorgen drückend waren?

Kindersorgen, man leichthin meint.
Doch wogen sie genauso schwer
wie die der Großen. Lang ist's her!
Getröstet werden, wenn man weint.

Das nur ein Mutterherz uns gibt.
Solange es auch immer schlägt,
es uns tief und innig trägt.
Ein Mutterherz uns ewig liebt.

Elfenharfe

Der Elfenharfe Ton
silbern lockt den Mann.
Mach dich schnell davon.
Erlieg nicht ihrem Bann.

Doch ist es meist vergebens.
Verzaubert sind sie alle.
Zum Preise ihres Lebens
gehn sie in die Falle.

Verführerisch und schön.
So sexy und so heiß.
Alles will er sehn.
Zu hoch ist ihm kein Preis.

Sein Herz sogleich entflammt
in brennendem Begehren.
Und würde er verdammt:
sie muss ihm Gunst gewähren.

Geliebt für eine Nacht.
Das musste ihm genügen.
Als er am Tag erwacht,
sieht er sich einsam liegen.

Er kurz genoss das Schöne.
Sein Herz ward tief verletzt.
Die harfengleichen Töne
andre locken jetzt.

Nichts Neues

Wenn die Müdigkeit
mit Schwere auf dir liegt,
willst du nichts als schlafen.
Wenn dich der Hunger plagt,
willst du nichts als essen.
Was interessiert dich dann
der Menschheit Gram und Sorge?
Was Leid und Not der andren?

Der Lottosechser dich nicht reizt,
spielt dein Herz wie wild verrückt.
Der Fokus bloß umfasst dein Wohl.
Dass der Schmerz dich endlich flieht.
Nichts soll dich jemals wieder ärgern.
Zufrieden willst du stets nur sein.

Dann bist du ausgeruht.
Und gesund und satt.
Dein Herz schlägt stark und rund.
Doch dich die Menschheit weiter
langweilt und bloß stört.
Und erneut dich ärgert
jede Kleinigkeit.
Wie immer schon zuvor.

niemals

abgefallen ist der schmerz
der stress entließ dein schwaches herz
vergangen endlich all dein leid
doch ist jetzt wirklich bessre zeit

da ist die leere
und andre schwere
was unbemerkt
wirkt jetzt verstärkt

alles ist bloß relativ
denn es erwacht was bisher schlief
das kleine wird unsagbar groß
das übel lässt dich niemals los

Abtragen

Ich such das Land,
wo Glück mir winkt.
Das löst das Pfand,
das mich jetzt zwingt.

Wo Liebe birgt
das kranke Herz.
Die Macht verwirkt
von Tod und Schmerz.

Ist's zu finden?
Ob sie mich nehmen?
Werd ich's ergründen?
Sie mich verfemen?

Hilft nur Geduld.
Und sich plagen.
Denn die Schuld
ist abzutragen.

Glücklich verlorener Kampf

Verschwiegene Gedanken
tief ins Herz mir sanken.
Wuchsen zu Gefühlen.
Stark und heiß.

Vergeblich das Bemühen,
ihnen zu entfliehen.
Lässt das sich jemals kühlen
zu kleinem Preis?

Der Eifer schnell vergeht.
Denn aus dem Kampf ersteht
ein wunderbares Fühlen.
Geb nie es preis.

Vergebliche Mühe

Er hatte es immer wieder versucht.
Doch hat man dafür ihn stets nur verflucht.
Zu Herzen er nahm sich's, es ging ihm sehr nah.
Denn niemand war für ihn aufrichtig da.

Wenn das Herz voll ist von schweren Gedanken,
gerät das Gleichgewicht oftmals ins Wanken.
Kann er die Sorgen mit niemandem teilen,
ist es sehr schwierig, den Kummer zu heilen.

So wird er nun schweigen, zu vermeiden die Schelte.
Allein steht er da in der feindlichen Kälte.
Doch niemand sollte sich jemals beschweren.
Er hat es gesagt. Doch wollt keiner drauf hören.

Handle!

Die Sonne über dem Hügel.
Sie zeigt dir den Weg.
Wirf endlich ab deine Zügel.
Sei nicht so träg.

Der laue Wind lockt dich fort.
Flieg doch mit mir!
Ich zeige dir jeglichen Ort.
Es steht doch dafür!

Die schwarze Wolke warnt leise.
Das Wetter wird schlecht.
Lass doch bleiben die Reise.
Zu Hause ist's recht.

Auf wessen Rat sollst du hören?
Wer rät dir wohl gut?
Du lässt dich von andern betören?
Wo bleibt bloß dein Mut?

Die Nacht brach inzwischen herein.
Gezaudert am Tage.
Was rät dir der Mondenschein?
Handle, nicht zage!

über allem

blaugraues gras
regenfeucht gebeugt
müder wind
schleppt blütenblätter
zaust die blumen
streut den samen
den gefiederten zur speise
doch ich seh es nicht
schau nach innen
kann nicht vergessen
was war
was schön war
niemand hilft mir
zu tragen die last
doch nimmt mir auch keiner
die hoffnung
auf das
was sein wird
was schön sein wird
besser als alles
was war
es wird sein
ein anderes gras
grün und frisch
geziert von diamanten
blühende lieblichkeit
liebkost vom zärtlichen wind
blütenblätter gebreitet
darüber zu schreiten
fürstengleich

leben aus samen
blüten und früchten
stark und fest
über allem
schönheit
liebe und verzeihen

Schlechtes Urlaubswetter

Wenn der Regen fällt hernieder
und durchnässt dir alle Glieder,
wünscht du dir, du wärst zu Haus
und wüsstest nichts von diesem Graus.

Die Attraktionen siehst du nicht.
Der Regen peitscht dir ins Gesicht.
Der Sturm wirft dich beinahe um.
Die Sache läuft ganz einfach dumm.

Die Reise war nicht grade billig.
Doch zahltest du voll Hoffnung willig.
Das Geld ist leider rausgeschmissen.
Der Wettergott hat dich beschissen.

neu beginnen

worte an die ewigkeit
tönt kein echo weit und breit
verloren auch der letzte sinn
zerronnen selbst der kleingewinn
das lässt vor wut das herz erbeben
erbost die axt zum kampf erheben
doch der feind entwindet sich
und führt voll häme tückschen stich
allein zu fechten ist nicht leicht
und das ziel wird nicht erreicht
doch wenn die andern alle schlafen
wird das schicksal sie bestrafen
dumpf erkennt erst mit der zeit
ein jeder was da liegt bereit
zu spät das ende zu vermeiden
neu beginnen ganz bescheiden

Das Gebiss

Ja wo sind denn meine Zähne?
Ruft hysterisch die Helene.
Ich habe sie hierhin gelegt.
Und jetzt sind sie wie weggefegt!

Hab keine eignen Zähne mehr.
Ohne Gebiss der Mund ist leer.
Traue mich nicht mehr zu sprechen.
Man könnt sonst sehen mein Gebrechen.

Meinen Mann würd's freuen sehr.
Wenn ich spräche nimmermehr.
Er hat mein Reden ziemlich satt.
Ob er sie mir versteckt wohl hat?

Helene sucht sie ganz verdrießlich.
Findet sie im Keller schließlich.
Zur Rache sie dann Suppe kocht,
die ihr Mann stets sehr gemocht.

Zum Löffel greift sogleich der Mann
und fängt auch schon zu essen an.
Doch plötzlich spürt er was im Mund.
Das ist hart und etwas rund.

Er spuckt die Sache sogleich aus.
Was ist das? O welch ein Graus!
Da ruft voll Häme die Helene:
Ach, da sind ja meine Zähne!

Logisch

Ein Häher saß am Eichenbaume.
Fraß Eicheln, aber keine Pflaume.
Das muss so sein, der Weise spricht.
Denn Pflaumenhäher gibt es nicht.

Bitte um Ruhe

Niemals konnt ich mich erwärmen
für Leute, die da ständig lärmen.
Wunderbar wär da die Stille.
Doch fehlt zum Schweigen meist der Wille.

Sie lachen, scherzen, reden Stuss.
Der Sanfteste verzweifeln muss
ob der leeren Worttiraden,
die dem Frieden heftig schaden.

Zu lauschen sanftem Wellenschlag
dir Ruhe schenkt den ganzen Tag.
Frisch gestärkt fürs Alltagsleben
magst du dann nach Hause streben.

Doch all das sie mögen nicht.
Halten Quatschen für die Pflicht.
So haltet bitte euren Mund.
Wenigstens für eine Stund.

Ein Maskenball

Ein Maskenball
fand Widerhall
bei großer Zahl.
Dann ein Krawall.
Ein General
Ein Admiral.
Es blitzt der Stahl.
Ein lauter Knall.
Ein schwerer Fall.
Roter Schwall.
Vorbei die Qual.
Der Admiral,
der war einmal.

Muße

Die Muße ist's, die dir fehlt.
Dann der Gedanke dich immerzu quält,
dass nichts du je bringst zustande
und du lebtest nur noch am Rande.

Die Muße ist's, die dir fehlt.
Das allein für dich heut noch zählt.
Das Strahlen höherer Sphären
soll Einblick dir in die Weisheit gewähren.

Die Muße ist's, die dir fehlt.
Hast du für dich sie einmal erwählt,
kehre zu ihr oft zurück.
Im wechselnden Rhythmus, da liegt dein Glück.

schneller trost

liebend gern
möchte ich
dir gehörn
ewiglich

du bist schön
möcht dich küssen
mit dir gehn
nichts vermissen

sagst du nein
weiß ich genau
wird mich erfreun
andre frau

Der Falter

Ein Mann von unbestimmtem Alter
quälte sich durch Sand und Stein.
Er jagte einen großen Falter
mit dem Hammer ganz allein.

Sobald der Falter aufgestiegen
in die Luft so flirrend heiß,
konnt der Mann ihn nicht mehr kriegen.
Und er dachte, so ein Scheiß.

Nashornzähne, Geierklauen
lagen überall umher.
Die vergaßen wohl zu schauen.
Es gab ja keinen Kreisverkehr.

Der Mann war älter einen Tag.
Hat den Falter ganz vergessen.
Sammelt, was herum da lag,
und hat alles aufgegessen.

Der Falter schaut von oben zu.
Blickt auf den Blödmann still herab.
Flirtet noch mit einem Gnu.
Und ergreift den Wanderstab.

Der Mann von unbestimmtem Alter,
älter um der Tage zwei,
verflucht den bösen Wanderfalter
und dann ist's mit ihm vorbei.

Alles, was man von ihm fand,
war der Hammer samt dem Stiel.
Der ragte aus dem Wüstensand.
Letztlich war das nicht sehr viel.

gern geschehen

gern geschehen
musst nicht danken
erkenntlich zeigen
musst du dich nicht
ich denk daran
wenn ich dich brauch
wird kaum geschehen
so tschüss, bis später
da fällt mir ein
da wär doch was
bin grad knapp
kannst mir borgen
100 euro
geb sie dir
mal zurück
nächsten monat
oder später
wenn du mich
wieder brauchst
sag es mir
helf immer gern
sind ja freunde
musst nicht danken
gern geschehen

Mausetanz

Eine süße kleine Maus
trug ein Röckchen kurz und schön.
Ein stolzer Mäusrich war drauf aus,
sich mit ihr im Tanz zu drehn.

Tanz mit mir, so tanz mit mir!
Doch steig mir nicht auf meinen Schwanz.
Zähle einfach zwei, drei, vier.
Und schon drehn wir uns im Tanz.

Das Mäuschen nahm sich da ein Herz.
Nahm bewundernd seinen Schwanz.
Tanzte mit ihm himmelwärts.
Und gehörte ihm jetzt ganz.

Alles ist offen

Wie die Tage so streichen.
Träge und dumpf.
Werden die Kräfte wohl reichen?
Zu entrinnen dem Sumpf?

Die sicheren Wege verlassen.
Umnebeltes Denken.
Möchte selber sich hassen.
Rückwärts nur lenken.

Die Reue nützt nichts als Weiser.
Weist nicht den Weg.
Der Schrei der Seele wird leiser.
Der Herzschlag wird träg.

Wie die Tage so streichen.
Zagendes Hoffen.
Wird die Trübnis je weichen?
Alles ist offen.

Die weißen Reiter

Es jagen die weißen Reiter einher.
Zornig und wütend weit über das Meer.
Gepeitscht von Neptuns mächtigen Armen,
bestürmen die Küste sie ohne Erbarmen.

Der Dreizack wühlt die Wogen zu Bergen.
Ein riesiges Heer aus tödlichen Schergen
macht zunichte die ärmlichen Wälle.
Von Menschen errichtet als hemmende Schwelle.

Dann strömen die Wasser ins fruchtbare Land,
dem Meer einst entwunden mit kräftiger Hand.
Poseidons Reiter gewannen die Schlacht.
Doch endet der Krieg nicht in dieser Nacht.

Erneut sich recken Arme aus Eisen.
Wollen dem Meergott mit Nachdruck beweisen,
sie ergeben nicht kampflos sich ihrem Geschick.
Und gewinnen das Land vom Meere zurück.

Der Kampf geht weiter. Wogt hin und her
zwischen dem Menschen und dem ewigen Meer.
Ob der Wall nun dem Dreizack hält stand?
Das gnädig verbirgt noch der Zeiten Band.

Der Geigenton

„Hörst du den Geigenton drüben vom Stein?
Durch den Nebel dringt er gar fein.
Doch hüt dich, den geigenden Kobold zu sehen.
Es würd dir am Ende gar übel ergehen."
So sprach der Alte ernst zu dem Knaben.
Der dünkte sich über den Rat erhaben.
„Was schert mich dein Reden, kindischer Mann!
Du selbst hast nutzlos dein Leben vertan.
Nie hast du mutig das Geheimnis ergründet.
Ich suche den Geiger, eh er verschwindet."
Der Knab lief trotzig hinein in die Schlucht.
Den, der da spielt, er zu finden sucht.
Was er gesehen, ward niemals erfahren.
Man fand den Leichnam erst nach zehn Jahren.
Einen steinalten Mann, vertrocknet und grau.
Sein Alter niemand konnt ahnen genau.
Keiner erkannte das vorlaute Kind,
das einst die Warnung schlug in den Wind.
Es werden drum kommen andere Knaben
trotzig und mit dem gleichen Gehaben.
Die über die Warnung der Alten nur lachen.
Um schließlich dieselben Fehler zu machen.

Bärte

Er schlug ein wenig aus der Art,
denn er wollte keinen Bart.
Bei den andern sah man nicht
vor lauter Haaren das Gesicht.

Dem Glattgesicht ward Spott und Hohn.
Drum lief vor Kummer er davon.
In dem Land, wo er dann war,
trug im Gesicht man nicht ein Haar.

Doch die Bärt'gen suchten ihn
und kamen schließlich auch dorthin.
Den Flüchtling wollten sie ergreifen
und vor Gericht zu Hause schleifen.

Doch in dem Land der Glattgesichter
zählten Bärt'ge zum Gelichter.
Sie wurden in ein Loch gesteckt.
Die Zwangsrasur war schnell perfekt.

Man schob sie in die Heimat ab,
wo es viel Empörung gab.
Diese Schmach vergaß man nicht.
Denn Bärte waren Bürgers Pflicht.

Sie zogen schließlich in den Krieg.
Der Kaiser wollte einen Sieg.
Man kämpfte fest, man kämpfte hart.
Man stritt ja um des Kaisers Bart.

Schicksalsschlag

War neulich Boot fahren.
Da fiel mir eine auf,
mit langen blonden Haaren.
Sie fuhr die Donau rauf
und ruderte mit Kraft,
ich holte sie nicht ein,
ganz athletenhaft.
Sie war ganz allein,
ein ganzes Stück vor mir.
Sah ihren Rücken nur.
Verging vor Neugier schier
auf ihre Prachtfigur.
Ich erreicht' am End sie knapp
in der Marina dann.
Beinahe machte ich schlapp.
Denn sie, sie war ein Mann.

Die Tanne

Eine Tanne stand allein.
Musste fade ihr doch sein.
Niemand kam, sie aufzuheitern.
Nur ein paar Männer mit zwei Leitern.

Lehnten sie an ihren Stamm.
Packten aus dann ihren Kram.
Sägen, Hacken und auch Keile.
Sowie noch zwei, drei starke Seile.

Die Tanne wunderte sich sehr.
Wo kamen die denn bloß daher?
Die Leitern sie dann schnell erklommen,
um möglichst hoch hinauf zu kommen.

Banden dann die Seile an,
woran man kräftig ziehen kann.
Rutschten flugs dann wieder runter,
um zu sägen frisch und munter.

Die Tanne grauste es gar sehr.
Litt viel Schmerzen und noch mehr.
Sie fühlte bang ihr Ende kommen
und taumelte schon ganz benommen.

Mit lautem Krachen stürzt sie nieder.
Es brechen ihrer Äste Glieder.
Der Tanne fällt zum Schluss noch ein,
wie schön sie's hatte so allein.

Such das Glück

Immer weiter, nie zurück!
Such nicht im Außen nach dem Glück.
Find es letztlich tief in dir.
Öffne du ihm nur die Tür.

Den Schlüssel finden musst du noch
und auch das richt'ge Schlüsselloch.
Mit etwas Übung wird's gelingen.
Wird Ruh und Frieden dir dann bringen.

Überprächtig

Das Leben ist recht mannigfaltig
und auch sehr gedankenhaltig.
Doch scheint das Denken ungenügend,
wenn man nicht ist auch ackerpflügend.

Drum sei das Leben schaffenskräftig
und dazu noch handlungsheftig.
Dann wird es sicher freudeträchtig.
Und am Ende überprächtig.

ergänze was fehlt

den kummer abholzen
die dünkel abstolzen
die kräfte verleimen
die liebe erkeimen
den zorn niederwalzen
intrigen versalzen
die bosheit entkernen
die neider entfernen
die süchte veröden
die dummheit entblöden
die lügner entlarven
die armut bedarfen
den reichtum verbreitern
den geiz voll enteitern
ergänze was fehlt
wird besser die welt

sonnenschein

yellowgelb ist übersinnig
gibt die wärme mir zuhauf
strahlend locken alle federn
mir gibt sonnenschein zu singen
lauter nonsense
ohne sinn
alles leben folgt dem pfad
aberwitzig strahlenkranz
mir ist wirklich nichts zu blöd
nur das blöde ist gescheit
andres niemand will mehr sehn
und hören
doch manchmal ordinär ist nützlich
wärmt nicht nur das herz
haha
wer böses denkt
ist selber einer
oder so
ist das böswitzig genug?
hätt nie gedacht
dass daraus die sonne scheinen soll
aus und vorbei
ich wart auf den mond

Hab vieles geschrieben

Hab vieles geschrieben.
Vom Herzen getrieben.
Im Kopfe geformt.
Nach Vorschrift genormt.
In Worte gefasst.
Mal ernst, mal gespaßt.
Gereimt oder nicht.
Es entstand ein Gedicht.
Doch ergaben die Zeilen
auch Geschichten bisweilen.
Vermag alles zu lieben,
was ich geschrieben.
Doch die Frage sich stellt,
wie euch es gefällt.

endlich allein

klotzvoll und patzig
so richtig verratzig
unwertig und stier
so stehst du vor mir

kannst denkig du sein
oder blödig allein
verroll doch und zieh dich
dein fortsein das lieb ich

nie rückkehr zu mir
was andres entzier
glücktausend ich fühl
dich dankend wegspül

in schwebe

hingeschoben
aufgehoben
neu bereitet
ausgebreitet
alles bunt
alles rund
doch ungebunden
offne wunden
wird sicher heil
wie alleweil

Weitere Werke von Alfred L. Rosteck

Gesammelte Gedichte Band 1
BoD 2016, 288 Seiten
ISBN 978-3-7431-3856-8
ebook: ISBN 978-3-7431-2295-6

Gesammelte Gedichte Band 2
BoD 2017, 288 Seiten
ISBN 978-3-7431-6587-8
ebook: ISBN 978-3-7431-0810-3

Gesammelte Gedichte Band 3
BoD 2017, 320 Seiten
ISBN 978-3-7431-9438-0
ebook: ISBN 978-3-7431-7241-8

Frohe Zeit.
Gedichte und Geschichten um
Weihnachten.
BoD 2016, 92 Seiten
ISBN 978-3-7412-9472-3
ebook: ISBN 978-3-7431-3085-2

Der Menuett-Tänzer
Geschichten über Obsessionen
BoD 2015, 200 Seiten
ISBN: 978-3-7347-8205-3
ebook: ISBN 978-3-7392-8818-5

seelenland
Lyrik, BoD 2014, 92 Seiten
ISBN 978-3-7386-0106-0
ebook: ISBN 978-3-7386-6309-9

des lebens volles maß
Lyrik, BoD 2013, 92 Seiten
ISBN: 978-3-7322-4672-4
ebook: ISBN 978-3-7322-2124-0
Nunmehr enthalten in:
Gesammelte Gedichte Band 3

Das Labyrinth und andere
Kurzgeschichten
Edition VaBene 2012, 200 Seiten
ISBN 978-3-85167-267-1

schicksalwärts
Lyrik, BoD 2011, 92 Seiten
ISBN 978-3-8423-6086-0
ebook: ISBN 978-3-7357-7192-6
Nunmehr enthalten in:
Gesammelte Gedichte Band 2

Wer spürt die Freude noch?
Gedichte und Geschichten um
Weihnachten
BoD 2010, 108 Seiten
ISBN: 978-3-8391-8112-6
ebook: ISBN 978-3-7322-0965-1

Zwischen Abend und Morgen
Lyrik, BoD 2010, 236 Seiten
ISBN 978-3-8391-5276-8
ebook: ISBN 978-3-7357-7294-7
Nunmehr enthalten in:
Gesammelte Gedichte Band 3

Spirale des Lebens
Lyrik, BoD 2009, 92 Seiten
ISBN 978-3-8370-9584-5
e-book: ISBN 978-3-8423-1501-3
Nunmehr enthalten in:
Gesammelte Gedichte Band 2

Der alte Mann auf dem Felsen
Novelle, BoD 2008, 96 Seiten
ISBN 978-3-8370-5651-8
ebook: ISBN 978-3-7357-9573-1

Eine Insel in der Zeit
Lyrik, BoD 2008, 92 Seiten
ISBN 978-3-8370-4299-3
Nunmehr enthalten in:
Gesammelte Gedichte Band 2

Ewige Reise
Lyrik, BoD 2007, 96 Seiten
ISBN 978-3-8370-1047-3
ebook: ISBN 978-3-8423-9909-9
Nunmehr enthalten in:
Gesammelte Gedichte Band 1

Im Sternenschein
Lyrik, BoD 2007, 92 Seiten
ISBN 978-3-8334-9280-8
Nunmehr enthalten in:
Gesammelte Gedichte Band 1

Stilles Glück
Lyrik, BoD 2007, 92 Seiten
ISBN 978-3-8334-9197-9
ebook: ISBN 978-3-8423-8905-2
Nunmehr enthalten in:
Gesammelte Gedichte Band 1

**Der Mann, der sich in seine
eigene Geschichte verirrte**
Roman, Novum 2007, 250 Seiten
ISBN 978-3-8502-2147-4

Der Schatten deiner Liebe
Lyrik, Novum 2007, 144 Seiten
ISBN 978-3-9025-3664-8
Restbestände (auch beim Autor
erhältlich).